CLAUDE ROY

qu'on e[...] se coucher

IMAGES DE
BÉATRICE ALEMAGNA

RUE DU MONDE

Il faut aller au lit
Mais je n'ai pas sommeil
Dans le noir je m'ennuie,
Tous les soirs c'est pareil

Si j'avais des ciseaux
Pour découper le ciel

J'en prendrais un morceau
Pour faire une marelle

Si j'avais de la craie
Sur le noir de l'espace
Je me dessinerais
Un jeu avec des cases.

Chaque soir,
c'est pareil :
Je me rêve
dehors.

Mais j'ai un peu sommeil.
Malgré moi je m'endors

J'irai à cloche-pied
Jouer sur la Grande Ourse

Et dans la Voie lactée
Me baigner à la source

Je rêve que je dors
Et quand je me réveille
Il fait grand jour dehors,

Bonjour,
Monsieur
Soleil.

Achevé d'imprimer en février 2004 sur les presses de CCIF
à Saint-Germain-du-Puy (18) - France
Dépôt légal : février 2004